감천甘川

감천甘川

초판 1쇄 인쇄 | 2024년 1월 2일
초판 1쇄 발행 | 2024년 1월 5일

지 은 이 | 최수일
펴 낸 이 | 박세희

펴 낸 곳 | (주) 도서출판 등대지기
등록번호 | 제2013-000075호
등록일자 | 2013년 11월 27일

주 소 | (153-768) 서울시 가산디지털2로 98.
       2동 1110호(가산동 롯데IT캐슬)
대표전화 | (02)853-2010
팩 스 | (02)857-9036
이 메 일 | sehee0505@hanmail.net

편집 디자인 | 박나라

ISBN 979-11-6066-099-9
ⓒ 최수일 2024, Printed in Seoul, Korea
값 10,000원

• 잘못된 책은 바꾸어 드립니다.

감천甘川

최수일 시집

등대지기

시인의 말

산굽이로 사라지는
열차를 바라보듯

우두커니
쓸쓸했다

난 아직도
감천甘川을 안고
앓는다

2024년 새해
최수일

차례

시인의 말 … 05

제1부

언덕빼기 마을 … 13
논밥 … 14
그 흙냄새 … 16
그날 밤 … 18
감천甘川 … 20
아버지의 빈자리 … 22
솔개가 나는 마을 … 24
제물祭物이 되다 … 25
메꽃 … 26
차마 물어보지 못한 그 울음 … 28
햇무갈치조림 … 30
하지즈음 … 32
시래기된장국 … 34
대야에 담긴 가을 … 36
어떤 날의 일기 … 38
103호 벚나무 … 40
둠벙 … 41

제2부

저물녘 감천甘川 냇가 … 45

원조 칼국수집 … 46

어머니의 바늘 … 48

노루목이재 주막터 … 50

호박잎쌈 … 52

박가분 향기 … 54

6인실 한쪽 구석 침대 … 55

똥 한덩이 … 56

서랍장 속에 할머니가 계신다 … 58

오월 … 60

애기똥풀 한 포기 … 62

된장연고 … 63

할머니의 저녁 … 64

콘크리트 자궁 … 66

집유령거미 … 68

과곡果谷초등학교 가는 길 … 70

개망초꽃 … 72

내 도화지 속의 가을 … 74

제3부

빈집에 눌러앉다 … 77
할머니의 목화밭 … 78
끝순이 … 80
도시락 폭탄 … 82
논두렁길 … 84
일곱 살 … 86
하동댁 … 88
새똥 … 90
감나무 끝방 … 91
봄을 캐다 … 92
화투점 … 94
접목接木 … 96
골담초 … 98
살얼음판에 앉다 … 100
목련 꽃봉오리 … 102
우동 한 그릇 … 104

제4부

겨운 둔치 … 109
개나리꽃입술 … 110
땅바닥에 금긋기 … 112
시통을 앓고 있다 … 114
풀냄새 … 115
할배의 개통 … 116
딱, 약올리는 거리 … 117
눈빛 … 118
검둥이와 해바라기 … 120
그 저녁나절 … 122
쥑니불 … 124
달맞이꽃 … 126
매미 울음을 달여 먹다 … 128
땡삐 … 130
촌뜨기, 서울 가다 … 132

해설 … 134

제1부

언덕배기 마을

큰물을 피해
앞들 마을에서 감천이 내려다보이는 언덕배기로
이주해온 열두 가구 촌락
도지미 마을에도 봄이 찾아온다

정봉이네 뒤꼍에 살구나무가 봄을 화사하게 피우고
숙이네 뒤란 개복숭아가 연분홍꽃잎을 바람에 날려 보내면

혼자 사는 두리댁 흙담 아래
키 작은 골담초가 샛노란 버선들을 내걸었다

그렇게 봄은 왔다가 슬그머니 떠났다

논밥

오리목, 떡갈나무 그루터기에 돋아난
초록을 한 아름씩 베어 와서

무논에
듬성듬성 흩뿌리는 할아버지

이맘때는 논도 배가 고프다며
이랴, 소 몰아
쟁기질로 논밥을 골고루 비빈다

쟁깃날 스칠 때마다
논바닥이 꾸르륵 꾸르륵
빈 배 채우는 소리를 내고 덩달아
쑥꾹 쑥꾹 쑥쑤꾹,
돌아온 쑥꾹새가
이 산 저 산 날아돌며 허기진 울음을 토해낸다

쑥꾹새도
논도
허기지던

<
내 유년의 오월이 오고 있다

그 흙냄새

뙤약볕에
완전군장하고 적 진지로 포복하다
쉬어! 구령에
땅바닥에 쿡, 코를 박은 순간
후욱, 콧속으로 뛰어든

그 냄새!

땀과 흙으로 범벅이 된 내 몸을
순식간에 파고들어
근육에 불끈 힘을 불어넣고

산하山河를 향한 내 가슴에 확, 불을 지폈던
그 흙냄새는

할매를 콩밭에 혼자 두고
외솔나무 그늘에 앉아
먼산에 걸린 설익은 뭉게구름을 바라보다
이 골짝 저 골짝을 날아드는
뻐꾸기의 울음에 흠뻑 빠져있는 내게

<
쪼그려 앉았던 무릎을 펴며
아이쿠 아이쿠,
꾸부정한 걸음으로 다가온 할매가
황혼을 등에 지고
흙 묻은 두 손으로
어린 내 두 뺨을 꼬옥 감싸줄 때 났던,

바로 그 할매 냄새였다

그날 밤

저녁 어스름이 서둘러 마당으로 들어서고 있었다

시집 안 간 고모가 부리나케 안방으로 달려가고
아래채 툇마루에 쪼그려 앉은 할배는
곰방대로 마루 끝을 탁탁 치며
음 으흠, 연신 헛기침을 하고 있었다
삽살개는 마당을 돌며 안방을 힐끔거리고 어느 누구도
나를 아는 체하지 않았다

집안을 떠도는 무거운 슬픔 같은 것에
온몸이 짓눌린 나는
엄마를 부를 엄두도 못 내고
안방 앞 기둥을 잡고 빙글빙글 돌기만 했다
뒷산 어디에선가 산비둘기가
그날의 마지막 울음을 쏟아낼 무렵

그러니까,
내가 다섯 살이었을 때

은하수가 뒤란 울타리에 오롯이 내려앉듯
하얀 찔레꽃이 뭉텅뭉텅 피던 날

찔레꽃같이 하얀 천에 싸인 내 누이가
할배 팔에 안겨
달빛에 촉촉이 젖은 호미산 어느 산등성이로 떠난 밤이었다

감천甘川

잔솔밭을 감싸고 돌아나와
방죽을 밀개 삼아
들과 마을을 호미산 쪽으로 밀어붙이고
조마 쪽으로 슬그머니 꼬리를 감추는 사행천蛇行川

황토물을 양껏 들이켜고 허겁지겁 달려와
대를 이어온 할배와 몇몇 토박이들을
언덕배기로 밀어낸 병자년 수해

없는 집에 제사 들듯 꼬박꼬박
가뭄이 찾아드는 모내기 철엔
처녀 속살 같은 하얀 모래밭을 수줍게 드러내
수박 서리 감자 서리하는 악동들의 놀이터가 됐다
그 한켠 몽돌밭에서는
조약돌 닮은 서너 개, 알을 품은 흰목물떼새가
아이들 발소리에 애를 태웠다

살얼음에 종아리를 긁혀가며
내川를 건너 학교에 오는 바랫들 사는 순이
비 오는 날은 물이 불기 전 일찌감치 책보를 쌌다

<
멱감은 사람들이 백사장에 쫄로리 드러누워
옛이야기로 더위를 쫓는 한여름밤
안산 긴골 여우 울음소리가
물비늘을 타고 캥캥, 내를 건너올 때쯤
눈 부비며 하나둘 자리를 뜨곤 했던 감천내

이제는
그 아프고도 정다운 것들을 더는 얘기하지 않는다

아버지의 빈자리

산굽이를 돌아 나와
마을을 둥그렇게 감싸고
저 아래쪽 산자락을 돌아 슬그머니 꼬리를 감추는

감천내가 내려다보이는 호미산 날망
비탈밭 밭머리에 소나무 한 그루
그 아래 빈자리 하나 있었다

객지에서 일하다가
한해 한두 번 집에 들를 때마다
낯설기만 했던 아버지
그가 만든 빈자리를
낮엔 농사일로 밤엔 별을 따서 채우셨던 엄니
어떤 때는 그 자리를 내가 채우길 바랐는데,
그때마다 난
그 빈자리를 호미산 소나무 밑으로 가져갔다

그곳에서 일찍이 별이 된 어린 누이를,
먼 데로 시집간 사촌 누나를,

소쩍새 우는 밤 소반장이 아버지를 따라 마을을
떠난 경란이를
 또 어떤 때는
 먼 산에 걸린 뭉게구름을 불러오기도 했다

 냇가로 내려온 산 그림자가
 물가에서 머뭇대는 별들을
 어둑한 하늘로 밀어 올릴 때

 나는 아버지의 빈자리 그곳에 두고
 터벅터벅 마을로 내려왔다

솔개가 나는 마을

소쿠리를 엎어놓은 듯
십여 채 초가집 옹기종기

봄이 오면 입춘대길立春大吉 건양다경建陽多慶을
문설주에 써 붙이면
헛간의 농기구들도 기지개를 켜고
묵정밭도 그제서야 숨을 내쉬었다

어른들이 죄다 들에 나가고
아이들이 마을을 지키는 봄날엔
솔개가 하늘 높이 날았다

그때마다
골목에서 놀던 아이들 집으로 달려가
어미 닭과 병아리들을 구구구 닭장으로 불러들였다

솔개가 사라지면
닭장문이 열리고 병아리가 종종종 달려나오고
아이들도 왁자지껄 쏟아져 나왔다

제물祭物이 되다

바닥이 꾸덕꾸덕 말라가는 다랑이논 물꼬
얕게 고인 물에
몸을 뒤척이는 붕어 한 마리

온몸에 새카맣게 달라붙어
피를 빠는 허기진 거머리들에게
제 몸을 내놓고
숨을 헐떡이고 있다

일찍 세상을 뜬 형님의 피붙이들과
당신의 식구를 보태서
열두 식구를 홀로 먹여 살린 할아버지

늘그막에
가난과 병마에 숨을 몰아쉬며 누워있다

메꽃

길가 풀섶
키 큰 개망초꽃 목덜미를 타고 오른
메꽃 한 송이

논두렁에
밀밭 한 귀퉁이에
오솔길 달맞이 꽃대에서
어쩌다 보이는 꽃

찢긴 꽃잎에 눈길 주다 돌아서는데
어디서 본 듯한
누군가를 닮은 그 꽃

있는 둥 없는 둥
낮엔 보이지 않다가
밤 깊으면
어쩌다 집에 들렀다 급히 떠나는
낯선 아버지

그 아버지를 붙잡고 살아가는
어머니는 메꽃이었다

차마 물어보지 못한 그 울음

어릴 때 살았던 다세대주택 빈터엔
샌드백 하나가 기둥에 매달려 있었다
세 들어 사는 젊은이들이 아침저녁
그 샌드백을 치거나 어떤 때는
지나가던 사람들이
스트레이트나 잽을 날리기도 했다

수없이 얻어맞은 샌드백, 기어이
구멍이 나고 모래와 톱밥이 삐져나왔다

심하게 얻어맞고 바람에 흔들릴 때마다
삐걱대는 걸고리 쇳소리가 마치 샌드백이 우는 것 같았다

어느 늦은 밤
울음소리에 밖으로 뛰쳐나왔다
다 큰 누이를 별나라로 보내고도 눈물을 보이지 않았던 엄니가
컴컴한 빌라 뒤란에 쪼그려 앉아 울고 있었다

차마 물어보지 못했던 그 울음이
그때 가슴을 치며 지나갔다

그 울음에 맞은 자리가 지금도 아프다

햇무 갈치조림

구성장에서 사 온 한물간 갈치에
햇무를 숭숭 썰어 넣은 갈치조림이
호롱불 그림자가 일렁이는
두레반에 올려지자 금세
비릿하고 짭조름한 냄새가 어두컴컴한 방안을
핥는다

허기진 강아지처럼 어린 누이가
힐끔 할머니의 눈치를 살피더니
은빛 갈치토막으로 슬며시 손을 뻗는다

가시나가 비린 걸 밝히기는!

거친 할머니의 손이 그 작고 당돌한 손을 밀쳐냈던
내 어린 저녁이 언뜻 떠오르고,

성급하게 별이 된 누이의 가난한 손이 생각난다

공깃밥 하나를 추가로 주문해서
뽀얀 갈치살 한 점을 누이의 밥 위에 얹어놓는다

하지 즈음

할배는 오동나무 그림자가 드리워진 삼밭에서
대나무 칼로 툭툭 삼가지를 치고

할매는 덕석에 널어놓은 밀알을
햇살에 골고루 펼치느라 사륵사륵 밀개질 하고

어매는 갓 캐어온 감자를 뒤란 샘가에서
미운 일곱 살 재동이 발등에 낀 때라도 벗겨내듯
뽀도독뽀도독 씻고

다섯 살 어린 누이는 낮잠 자는 독구 복실이를 깨워
고추잠자리마냥 마당을 뱅글뱅글 돌고

나는 중학입시 수험서를 산다고
할배를 조르고 졸라 쌈짓돈 타내서
김천 중앙시장에 있다는
20리 길 책방에 가려고 신발끈 졸라매고

댓뱅이재를 달음박질로 넘어온

따가운 햇살에
대추나무가 황록색 쬐끄만 꽃을 슬그머니 슬어 놓던

삶이 아플 때마다 펼쳐봤던,

국민학교 6학년 6월 하지 즈음의 어느 날

시래기된장국

시래기된장국을 먹을 땐
낫으로 무청을 뭉텅 잘라 던져주는 할아버지와
그걸 넙죽 받아먹고 불끈불끈 힘을 쓰던 황소가 떠오른다

사랑채 뜰에 쪼그려 앉아 담뱃대를 소지하던 할아버지
담배설대 좁은 구멍에 지푸라기를 밀어 넣어
그 속에 잔뜩 낀 댓진을 훑어내고
그 구멍에다 된장국물을 조금씩 흘려 넣던 당신

설대 안 댓진 찌꺼기가 된장국물에 씻겨나왔다

시래기된장국을 먹을 때는 힘이 풀풀 나고
내 속에 담뱃진처럼 들러붙었던 온갖 때가 씻겨내려가는 것 같았다

그런 날은 잠도 잘 자고 꿈도 잘 꾸는데
쇠파리를 쫓던 황소 머리에 받혀
논두렁에 굴러떨어져 고생하시다 가신

할아버지를 만나기도 하고
 무청을 엮어 북쪽 바람벽에 내걸고 종일 나를 기다리던
 고향집 엄니를 만나기도 한다

대야에 담긴 가을

팥 녹두 귀리 같은 잡곡을 담은
조그마한 플라스틱 대야들이
재래시장 입구에 옹기종기 모여 있다, 마치

몰래 장난치다 불려 나와
교실 한쪽 구석에
풀 죽은 보릿자루처럼 꿇어앉은 악동들처럼

자습시간에
책걸상 위를 거침없이 날아다니다
반장에게 이름 적혀
교실 앞쪽으로 불려 나온 장난꾸러기들

콩 콩 콩……
교실 마룻장에 무릎을 꿇고
장난질 정도에 따라
콩 팥 조 수수 귀리 기장 옥수수 녹두 순으로
매 맞을 순번을 기다린다

종아리 걷고 돌아서!

＜
고요가 숨죽이고 지켜보는 교실 안에
옥수수알처럼 탱글탱글한 종아리에서
팥 팥 팥……
마른 옥수숫대 회초리 소리가 난다

늦가을 햇살이 꼼지락거리는
플라스틱 대야에서
톡 톡 톡 참깨 깍지가 터지고
수수수수 수수밭에 참새떼 날아오른다

어떤 날의 일기

초등학교 3학년 때 처음 가본 읍내시장
옷가게 곡물가게 야채가게 그릇가게 생선가게
닥지닥지 늘어선 시장

말로만 듣던 조기 갈치 고등어 꽁치
이름도 모르는 바다가
눈을 뜨고 우리를 기다리고 있었다
호기심에 빠진 아이들은 비린내조차도 신기했다

울타리 새로 스며드는 옆집의
비릿하고 고소한 고등어자반 굽는 냄새에
엄니를 졸라대다 끝내 울음보를 터뜨린
여동생 얼굴이 언뜻 떠올랐다

주머니를 털어 꽁치 두 마리를 샀다
지푸라기에 묶인 꽁치를 들고
30리 자갈길을 걸었다
삽짝에 매달린 어스름이 늦은 나를 반겼다

엄니와 진숙이 둘이서만 몰래 구워먹어요

불쑥 꽁치를 내미는데, 그중의 한 마리
지푸라기에 비린내만 묻혀두고 빠져나갔다

기대했던 칭찬도 아껴둔 용돈도
꽁치 한 마리가 물고 사라져버렸다

103호 산벚나무

주택정비지구에 섬처럼 홀로 떠 있는 세운빌라
빌라 주인과 그의 일꾼들이
회양목울타리를 새참으로 썰어 내놓고
마지막 이주 작업에 한창이다
잘린 팔다리로 파란 피 흘리며
잘린 뿌리가 새끼줄로 칭칭 감긴 산벚나무들이
포클레인 바가지에 매달려 화물차에 실리고 있다

벚나무 그늘을 좋아하던
손등이 벚나무 거죽같이 거칠던 103호 할머니
말린 찔레꽃을 기본 안주로 내놓는 곱창집에 들러
봉창 옆에 뻘쭘 서 있는
벚나무를 불러들여 마주 앉는다

월세 사는 자식 놈의 짐도 덜어줘야겠고
요양병원엔 처지가 같은 친구도 많을 거라며
스스로 병원에 들어간
감천이 고향인 103호 할머니를 불러본다

둠벙

환한 봄을 매달고
우리 집을 힐끔 넘겨보던 뒷집 살구나무
꽃 이파리 우르르 몰려오고
갓 깨어난 스무남은 햇병아리들
어미 닭과 빙 둘러서서 목을 축이던 곳
비가 오는 여름밤에는
맹꽁이들이 모여 병약한 어린 누이가
밤잠을 설치도록 떼창을 해대고
그 무렵 들에서 돌아온 할배는
흙 묻은 삽이나 괭이를 둠벙에 씻었다
마당의 나비물이 되거나
걸레 빠는 허드렛물이 되던 우리 집 뒤꼍 둠벙
찾지 못해 애태운 어린 누이 꽃신 한 짝
누이가 뒷산으로 떠나던 밤
슬그머니 물 위에 띄우고 입을 다물었다

제2부

저물녘 감천甘川 냇가

초겨울 해거름
하루해가 멍석처럼 말리고
열댓 마리 참새들 술래잡기하는 아이들같이
떼 지어 대숲으로 날다가 갈대밭으로 숨어들었다
벚나무가지에 둘러앉아 겨울을 날 궁리를 하던 몇 마리 까치들도
참새들 따라 자리를 뜬다
홍시 몇 개 노을에다 내걸고
직박구리들을 유혹하다 허탕을 친 감나무가 쯧쯧 혀를 찬다
수양버들은 초리에 들러붙은 서캐 모양의 몇 안 남은 이파리들을
거친 바람 빗으로 떨어내고
하동댁 청매나무는 밤새 꽃눈을 만들어 매달 준비를 하느라 부산하다
노을이 사위어가며
개천이 커다란 이무기처럼 서서히 어둠 속으로 숨어들고
갈대밭이 잔물결로 남실거린다

원조 칼국수집

옛 맛을 오붓이 담아내는 칼국수집
팔순이 훨씬 넘은 원조할머니가
주방 한켠에서 홍두깨로 국수를 민다
밀가루 반죽을 치대며
가게 안에 서려 있던 눅눅한 공기를 끌어모아
반죽 속에 골고루 섞는다
반질반질 밀어, 넓게 편 반죽에
할머니의 주름진 시름도 밀어넣는다
길고 두툼하게 포개 접어진, 밀가루반죽
할머니의 손은 밀알 속에 묻혀있던,
종달새 울음소리 한 소절 잘라내는 것일까
날 선 칼로 반죽을 리듬에 맞춰 가지런히 썬다
여름날 저녁때 마당 들마루에서 국수를 썰어내다
끄트머리에 남는 국수 꼬리를 떼어내
잿불에 살짝 구워서 내게 주던 어머니
끼니를 잇던 일용직에서 밀려난 요즘도
나는 습관처럼 매일 꼭두새벽에 잠이 깬다
그날그날 그냥저냥 흘려보내는 하루가
생의 국수자투리처럼 길다
할머니가 마루 도마에 새기는 칼질소리에 맞춰

후루룩 넘어가던 국수가 목에 걸린다

어머니의 바늘

거실 바닥에 무엇인가 반짝 빛난다
바늘이다

어느 여름날
내 삼베 팬티를 깁다 말고 잠시 자리를 뜬 어머니, 그 새
황급히 마루로 내딛던 내 연약한 발뒤꿈치를
쿡, 파고들던 바늘
아직 끝이 뾰족하다

겨울밤 등잔불 밑에서
할아버지 바지저고리를 다시 짓든가
구멍난 양말 뒤꿈치를 촘촘히 꿰매던 어머니
혹 잠 못 드는 밤엔
객지 낯선 골목을 헤매고 있을
아버지의 마음을 불러
당신 가슴에 덧대어 깁든가
우리 남매 싸움질이라도 하는 날엔
손잡고 잘 살아야 한다며
둘의 손을 포개어 훌치던, 세상에서

못 꿰맬 게 없었던 어머니의 바늘

하나는 젖먹이 때 또 하나는 다 자라서
두 딸을 먼저 하늘로 보내느라
갈기갈기 찢어진 당신의 가슴은 끝내
꿰매지 못하고 떠난 어머니 생각에
바늘에 찔린 듯 가슴이 따끔거린다

노루목이재 주막터

김치찌개가 맛나다 소문이 났던
노루목이재 주막집

어두컴컴한 부엌에서 술상을 차리는 늙은 아낙
투박한 손으로 통김치를 썰며 흘깃흘깃 문밖을 내다봤다
이마에 송골송골 맺히는 땀방울을 간간이
손등으로 훔치는 그녀
때마침 산비탈을 굴러 내려오는
꿔억 꿔억 꿩, 장끼 노랫가락 한 소절을
잽싸게 낚아채 뭉텅뭉텅 썰어놓은 김치에 섞어 넣었다

뒤꼍 옹달샘에 띄어놓은 대야에서
싹뚝 잘라 온 돼지고기 한 덩이를
숭덩숭덩 썰어 냄비에 넣고
손에 묻은 양념을 씻어낸 물을
찌개냄비에 끼얹어
자글자글 끓인 김치찌개를
막걸리 한 주전자와 소반에 담아 내놓던,

<

　억새 무리가 등 돌리고 서 있는 옛 주막터를 바라본다

호박잎쌈

저녁답, 밭두렁에서 연한 호박잎을 골라 따며,

호박은 내버릴 게 하나도 없어 이파리는 쌈 싸먹고 수꽃 꽃봉오리는 된장찌개에 넣어 먹으면 최고지 국수 고명용 애호박은 무침이나 볶음도 좋아 그리고 익은 건 호박죽이나 범벅 같은 걸 해 먹듯이 늙은 것 젊은 것 모두 쓸모가 있지,

땡볕에 그을린 얼굴로 환하게 웃던 할머니

호박잎 쌈을 싸다
호박잎 찢어진 틈새로 얼핏 당신의 모습을 본다

평생 농사만 짓다 마지막엔
목에 호스를 꽂고
묽은 호박죽만 드시던 당신 그렇게
겉과 속을 비워가던 모습이
누렇게 익어가는 호박을 닮았었다

찢어진 호박잎을 성한 잎 조각으로 때워가며 쌈

을 싼다
 그 위에 보리밥 한 숟갈,
 수꽃 꽃봉오리를 잔뜩 넣고 끓인 된장찌개 한 숟갈 그리고
 따가운 더위 한 숟갈을 더해
 볼이 터지도록 한입 가득 씹는다

 꺼칠꺼칠한 할머니의 한여름을 꾹꾹 씹는다

박가분 향기

감천甘川 둔치에
듬성듬성 무더기로 떠 있는,

엄니가 아껴 쓰던 박가분 향기 같은

이맘때쯤이면 마른버짐이
찔레꽃처럼 얼굴에 피던 계집애

까만 머리카락에
서캐가 희끗희끗
보리가 팰 때는
보리깜부기를 빤 입술이 새카맣게 물들었다

뒷골 비탈밭
밀 이삭이 물결처럼 일렁이던 밤
아버지 품에 안겨
어둠이 안개처럼 깔린 산길을
더듬더듬 올라갔을 정이

강 둔치에 그 아이 닮은 찔레꽃 피었다

6인실 한쪽 구석 침대

어물전 한쪽 구석 북어 한 마리
두 눈을 부릅뜨고
풍경처럼 매달려
마지막 본 바다를 그리고 있다

시립병원 6인실 한쪽 구석 침대에 누웠던
오랜 친구
북어처럼 말라가다 끝내
천정에 제 그림자만 매달아 놓고
어느 날 훌쩍 바다로 떠났다

실타래에 묶여
고향 집 문간을 지키던 북어도

뱃속에 간직한 파도 소리를
처얼썩 처얼썩 토해내며 늙어갔다

똥 한덩이

예닐곱 살 내 쬐끄만 가슴에
마르지 않는 샘 하나 있다

해거름에 삽작문을 들어서던
한 보살 할머니 말에
동구 밖 언덕 아래 작은 샘으로 달려갔다

산비둘기가 목을 축이고
겁쟁이 다람쥐가 제 얼굴을 비춰보는
둥둥 떠 있는 구름 조각에 청개구리가
올라앉던 샘

묵직한 황금빛 똥 한 덩이

몹쓸 부잣집에 머슴살이라도 하는
어느 못난 장정이
자신의 한恨을 쏟아냈던 것일까

망설임도 없이 그 똥을 바가지로 떠내고
바위틈에서 솟아 나온 약수가 다시

샘을 가득 채우는 걸 지켜봤다

장차 출세할 거라며 내 머리를 쓰다듬었던 보살님

그 샘이 아직도 내 가슴에서 퐁퐁 솟는다

서랍장 속에 할머니가 계신다

서재 한쪽 구석 오랜 서랍장 하나
그 속에 할머니가 흰 머리 곱게 빗고
풀 먹인 삼베 옷을 입고 단정히 앉아 계신다
언젠가는 내가 찾을 줄 알았다며
책장이 바랜 오래된 책을 읽고 있었다
그녀의 귀는 끊임없이
내가 서랍장을 열 것을 기다렸던 거다
날 반기며 내미는 그녀의 손
논밭에 우거진 바랭이나 방동사니를 뽑아내느라
굳은살이 박이고 손가락 끝마디가 죄다 꼬부라진
그때 그 손이다
그 손으로 배앓이 하는 내 배를 쓸어내리며
장화홍련전이나 흥부전을 읽어주거나
달걀귀신이나 도깨비 이야기를 들려주곤 했다
목화씨를 발라내는 쐐기, 솜 타는 활, 실 잣는 물레
닳아빠진 호미랑 낫 같은 연장들은 당신이
날 위해 장 속에 숨겨 둔 또 다른 비밀이다
  당신이 즐겨 읽던 조웅전趙雄傳이나 어룡전漁龍傳 같은
  고전소설이 들어 있는 서랍장을 열면

거기 할머니가 앉아계신다

오월

쑥국새 울음소리에
가지마다 하얀 꽃뭉치를 내거는 아카시아

이맘때면,
삼 학년도 채 못 다니고
뻐꾸기처럼 훌쩍 먼 나라로 떠난 친구

원피스가 잘 어울렸던 그 애는
하얀 앞니가 갸름한 아카시아꽃 꼬투리를 닮았
었지

깡총한 무명 검정 치마에
흰 저고리 가무잡잡한 또래 계집애들과는 사뭇
달랐던,

서울에서 전학 온
얼굴이 하얘서 슬펐던 아이

학예회 때 꽃무늬 원피스를 입고
노래를 부르면 눈이 먼저 웃던 아이

<
아카시아 향기 활짝 피는 오월이다

애기똥풀 한 포기

항문 밖으로 삐져나온 미주알을
그대로 매단 채
아랫도리가 흙범벅이 된 서너 살 사내아이

흙으로
두꺼비집을 지었다 부쉈다
종일 시간을 접었다 폈다, 흙밭에서
혼자 놀던 탱자나무 울타리 집 아이

말없이 먼 하늘만 바라보던 아이 엄마

은하수가 빽빽이 흐르던 어느 여름밤
뒷산이 흙이불로 아이를 꼭꼭 감싸주었다

흙탕물이 머물다 간
감천甘川내 둔치에 애기똥풀 한 포기

흙을 이불처럼 뒤집어쓰고 숨을 할딱이고 있다

된장 연고

쇠꼴을 베러 갔다가
나무그늘에서 깜빡 잠이 들었다
느닷없는 매미들의 떼창이 낮잠을 흔들었다
미루나무 그림자가 저만치 길게 늘어졌다
허겁지겁 꼴망태를 끌어당겨 일어서는데
망태의 성긴 발 사이로
까치독사의 혀처럼 삐죽이 내민
날 선 왜낫 끝이
오른쪽 발목에서 오금쟁이께로 쓰윽 스쳐갔다

길게 쩍 갈라진 종아리,
왕골 속같이 허옇게 벌어진 살 속에
할머니는 된장 한 줌을 척, 붙이고
호박잎과 옥수수 이파리로 둘둘 싸맸다

상처에 좋다는 연고를 종아리 생채기에 바르며
한 무더기 된장을 생각한다

할머니의 저녁

 소쩍새가 저녁놀을 거두어 깊은 골짜기로 숨어들면
 솔밭에서 기어 나온 땅거미가
 스멀스멀 콩밭으로 퍼지고
 언덕배기 밭고랑을 건성으로 읽어가던 멧새가 호로록 자리를 떴다
 엉덩이 쇠파리를 연신 짧은 꼬리로 쫓던 황소
 할머니를 채근이나 하듯
 허공을 향해 우우, 소리를 질렀다 그제야
 두 손으로 엉치를 짚으며 허리를 편 할머니
 소를 앞세우고 등짐 매고 오솔길을 내려왔다
 소고삐를 잡고 흘러내리는 짐을 추스르며
 어둑어둑한 공동묘지 샛길을 지나
 이내 논둑길로 들어서면
 풀숲 방아깨비 송장땅개비 메뚜기 풀여치들이
 후루룩후루룩 어스름 속으로 날아오르고
 논길을 지나 개천 웅덩이에서
 시커멓게 풀물이 든 호미와 손을 씻고 목을 축이고
 검게 탄 얼굴에 푸푸 물을 끼얹으면

피라미 소금쟁이 물방개들이 화들짝 놀라 흩어
졌다
 수십 년
 언덕배기 밭에서 혼자 사는 집까지 따라온 저녁
이
 먼저 삽작문으로 들어섰다

콘크리트 자궁

흙 한 점 없는 콘크리트 벽
갈라진 틈새에서 싹을 틔운 풀씨 하나

노르스레한 새싹이 실바람에 파르르 떤다

국민학교 마치고
두 형과 함께
일곱 마지기밖에 안 되는 아버지 농사일 거들다
풀씨처럼 바람에 날려
청량리역전 시장통 조그만 양복점에 들러붙었다

단추 구멍 끝손질부터
신사복 재단을 할 때까지
이십여 년을
입을 재봉틀로 박고
헝겊 조각으로 눈 가리고,

비좁고 누추한 가게와
밤보다 낮이 더 어두운 다락방을 오르내리며
생쥐처럼 살아냈던

오랜 친구 복덕이

콘크리트 금 간 틈새를 흙으로 메운다

집유령거미

욕조 바닥에 거미 한 마리 엎드려 있다
아침 거미는 복 가져온다던 할머니를 생각한다

욕조 벽을 타고 오르던 거미가
바닥으로 미끄러진다
오르다 미끄러지길 되풀이하는 거미,
좀 더 지켜보기로 한다

시골에서 정미소를 하다 쫄딱 망한 외삼촌
막일이라도 해서 먹고 살기엔 서울이 나을 거라며
서대문 밖 홍은동 홍제천 어딘가에
연년생 어린 딸을 데리고 판잣집 살이를 시작했다

끝내 그 가난이 인왕산 중턱까지 판잣집을 끌고 올라가
좀처럼 내려오지 않았다

거미가 궁금해 욕조를 들여다본다
여전히 욕조 벽을 오르다 미끄러지는 거미

인왕산 험한 산길 오르내리던
외삼촌 가족을 생각하며
슬쩍 욕조에 수건 하나를 걸쳐놓는다

과곡果谷국민학교 가는 길

눈 감으면 쉽게 닿을 수 있는 길
길바닥에 깔린 쇠똥 무더기처럼 냇둑에
쑥이 듬성듬성 무더기로 피어날 때면
내 맘속에 환하게 다가오는 길
산모롱이를 돌아가는 달구지길보다
야트막한 산을 넘어
학교에 먼저 닿는 오솔길
할미꽃 오랑캐꽃이 길가에 피어나면
무슨 반가운 소식이라도 들을까
쪼그려 앉아 꽃의 얼굴을 들여다보던 야생화 꽃길
남녘에서 달려온 봄바람이
출렁이는 보리밭을 헤치며 지나가던 보리밭 길
종달새처럼 하늘 높이 날아올라
먼 데를 바라보곤 하던 하굣길
혼자 걷기도 하고
왁자지껄 떼 지어 가던 산길
배동이 선 억새 대궁을 뽑아 화살처럼 날리며
전쟁놀이로 시간을 까먹던 길
허기진 길처럼 홀쭉한 배를 채우기 위해
감자 서리 밀 서리를 하며

긴 해를 석양에 묻곤 하던 서릿길
이제는 찾는 사람이 없어
그 흔적을 찾기 어려운 토막 난 길
그 길을 따라가면 쓸쓸한 학교와
이제는 꿈속에서만 갈 수 있는 아득한 길이 있다

개망초꽃

근육질 남정네들이 리어카에 엿판을 싣고
아침저녁으로
골목을 드나들었던 엿도가

좀처럼 바깥 걸음이 없는,
한쪽 다리를 저는
홍자 누나가 대문 문짝 틈새로 언뜻언뜻 보이던 집

누나 엄마가 한 엿장수와 눈이 맞아
어느 날 밤
열차 타고 서울로 내뺐다고 동네가 수군댔는데,

언제부턴가
수세미 머리로 개망초꽃을 입에 물고
뒤뚱뒤뚱 골목을 쏘다니며
엄마, 엄마를 부르며
흐느끼다, 느닷없이 깔깔 웃던 그녀

철둑에 개망초꽃이 흐드러지던 날
엄마를 부르며

달려오는 열차를 향해 와락, 뛰어들었던 홍자 누나

경의선 철길 개망초꽃
열차가 지나갈 때마다 온몸으로 흐느끼고 있다

내 도화지 속의 가을

늦은 시월 오후 플라타너스 은행나무 벚나무 낙엽들이 무리 지어 운동장 이곳저곳 몰려다니는 국민학교 교정이 도화지에 들어왔다

몇 개의 짙은 황갈색 이파리를 가지 끝에 매단 플라타너스가 제 그림자를 길게 늘어뜨려 운동장을 슬금슬금 더듬고 그 뒤로 나락 거둬들인 다랑이 논의 논두렁이 마치 살찐 구렁이처럼 꿈틀대고 있다 모가지 잘린 수숫대가 띄엄띄엄 서 있는 밭에는 늦가을 햇살이 벌레처럼 꼼지락거린다 그림 우측 아래쪽 들국화는 노란 향기를 조금씩 흘리고 있다

플라타너스 초리에 매달린 몇 개 안 되는 이파리들을 고민했다 여름에는 나뭇가지에다 하얀 뭉게구름을 붙잡아 매고 크레용으로 초록을 잔뜩 칠한 다음 나무둥치에 새까만 매미 소리 하나 그려 넣으면 됐는데,

몇 개 점들이 드문드문 찍힌 가을이 도화지 밖으로 달아나려 버둥거린다

제3부

빈집에 눌러앉다

할머니가 돌아가신 방에 어둠이 비녀를 꽂고 앉아있다

바깥채에서 안채까지 들락거리던 쥐
처마 끝에 깊숙이 둥지 튼 참새
사랑채 헛간에 집을 짓는 거미
햇살 따가운 여름날이면 방안까지 날아드는 풀여치
찬이슬 맺히면 툇마루 밑으로 스며드는 귀뚜라미
여름 장독 옆 양지에 웅크리고 있던 먹구렁이까지도

빈집에 그대로 눌러앉았다

뒤뜰엔 한 그루 낯익은 감나무가
제 그림자를 내려다보며 서 있고
매미 소리만 할머니가 벗어놓은 저고리 속을 맴돌고 있다

할머니의 목화밭

밭일 가는 할머니를 따라나서곤 했다 밭머리에 앉아 뭉게구름이 연출하는 갖가지 무언극을 지켜보거나 골바람과 풀잎의 속삭임을 듣는 동안 할머닌 목화를 돌봤다 맑고 높은 가을 하늘의 유혹과 온몸을 달구는 햇볕의 등쌀에 더는 못 배기고 딱딱한 옷을 툭 툭 벗어젖히며 하얀 속살을 드러내던 목화, 마치 할머니가 구름을 한 자밤씩 뜯어 올려놓은 것 같았다 목화꽃 송이를 따서 다래끼에 담던 할머니는 덜 익은 다래가 눈에 띄면 얼른 내 입에 넣어주곤 했다

긴긴 겨울밤에 할머닌 쐐기로 목화꽃씨를 발라내고 활로 솜을 타서 방 한쪽 구석에 쌓았는데 마치 하늘에서 구름이 내려와 잠시 쉬고 있는 것 같았다 나는 느슨한 고구마 푸대처럼 쪼그려 앉아 옛날이야기를 해달라 조르곤 했는데 그때마다 그녀는 문밖 댓돌 위로 호랑이를 불러 앉혀 나를 이불 속으로 파고들게 했다 어쩌다 한밤중에 눈을 떠보면 그때까지도 그녀는 솜을 타거나 물레로 실을 잣고 있었는데 대동아전쟁 때 남태평양 어느 섬에 징

용으로 끌려갔다 돌아올 줄 모르는 할아버지의 혼이라도 부르는지 무슨 주술 같은 노래를 부르며 간간이 한숨을 내쉬곤 했다 그때마다 어디선가 불어온 바람이 문고리를 잡고 잠시 머뭇거리다 떠나곤 했다

 그렇게 어린 시절을 보내고 중학교에 진학하며 고향을 떠났고 내가 사우디 건설현장에 있는 동안 할머니는 당신이 짠 무명옷을 입고 먼길을 떠나셨다 지금도 할머니는 목화밭을 돌보거나 솜을 타며 나를 내려다보고 있을 것이다

끝순이

과곡국민학교 넓은 운동장에
너풀너풀 첫눈이 날리던 4학년 마지막 종례시간

조금만 더 잘했더라면 우등상 받았을 거라
함께 선생님 칭찬을 받았던
내 기억 속 풋감 같은 그 여자아이가
눈송이처럼 마음속에 날아들었다

눈 스스 스르륵 내리는 날이면
그 아이가 살던
덕대산 기슭
고노실 산골 마을을
숫눈 자박자박 밟으며 찾아가고 싶었다

눈더미처럼 겹겹이 쌓인 시간들,

바쁘게 사는 자식들 위해 상경하여
손주들 돌보다 혼자
풍 맞고 쓰러져
가평 어디 요양병원에 입원해있다는 그녀

<
잔뜩 하늘이 흐린 날
길을 묻고 물어
풋내나는 첫사랑이 머문다는

옛 학교 같은 병원 문 앞에서 머뭇거린다

풋감 물 얼룩진 호주머니 속 같은
내 마음에
눈송이들이 머뭇머뭇 내려앉는다

첫눈이다

도시락 폭탄

살쾡이 눈을 한 아이들
침을 꼴깍 삼키며 화면 속으로 빠져들었다
독사보다도 징그러운 일본 순사가
유관순 누나에게 이것저것 캐묻다 느닷없이
누나의 머리채를 잡고
시커먼 물통 속으로 머리를 밀어넣었다
가녀린 두 팔로 물통을 짚고 버티는 누나
창백한 얼굴에 빗방울 같은 땀방울이 맺히고
아이들의 조막만 한 손들이 바르르 떨었다, 끝내
누나의 머리가 물속에 잠기며
물통 밖으로 물이 울컥울컥 넘치는 순간
아이들을 따라와 어둠 속에서 숨죽이고 지켜보던
여치 방아깨비 풀무치들이 일제히
날아올라 영사기 불길을 타고
도리우찌를 쓴 독사에게 달려들었다
순간 나도 모르게 마치 내가
윤봉길 의사라도 된 듯
내 도시락 폭탄을 독사를 향해 힘껏 내던졌다
뒤이어 다른 아이들의 폭탄들도
휙 휙, 허공을 가르며 날아가

스크린에 부딪쳐 바닥에 떨어지며
딸그락딸그락 폭발했다 순간
만세! 만세!
우렁찬 함성이 극장 안을 뒤흔들었다

오래전 초등학교 3학년 때 본 유관순 영화
삼일절 아침
창밖에 내걸려던 태극기를 힘차게 휘두른다

논두렁길

개천에 남아있는 날 선 얼음 조각들, 그 볼때기를
버들치 혓바닥같이 연한 혀로 날름날름 간질이며
쪼르르 냇물로 내빼는 개울물, 샛바람은
어린 누이의 귓불같이
보드라운 버들개지를 만지작거리다 슬며시 사라지고
지난가을 초록이 덤불을 헤치고
생채기 잔뜩 난 얼굴을 내민다
구름 사이사이로 끊겼다 이어졌다
내비치는 햇살에 얼었던 바닥을 꿈틀대며
녹였다 말리는 논두렁길,
생쥐 한 마리가 논바닥을 서성이다
기척에 놀라 쪼르르 검불 속으로 숨어든다
보리밭 이랑에서 동안거 중이던 냉이가
먹이 찾는 직박구리 기척에 몸을 뒤척이고
밭두둑에 엎드렸던 민들레가
푸르죽죽한 사지를 펴며 하품을 한다
텃밭 울타리 밑을 킁킁 살피던 검둥이가

고욤나무 밑동에 한쪽 다리를 들고 오줌을 갈긴다
 뜨신 오줌이 고욤나무 거죽을 타고
 땅속으로 스며든다

일곱 살

아궁이 속에서
늙은 개처럼 웅크리고 사위어가는 불이 불쌍해 보였다
정월대보름에 달집을 태우며
하늘로 치솟던 불길이 눈앞에 어른거렸다
갓 알을 깨고 나온
병아리 같은 불이 부지깽이에 옮겨붙었다
사립문쪽으로 조심조심 걸어가
부지깽이를 솔가지 울타리에 내려놓았다
잠시 머뭇대던 병아리가
조금씩 불씨를 토해내더니 금세
불길이 울타리에 번졌다 마치
커다란 용이 캄캄한 허공에서
무시무시한 불을 내뿜는 것 같아
무서웠다, 얼른 저고리를 벗어
불길을 내려쳤지만 불길은 더 번져갔다
불이야! 불이야!
구정물이랑 쇠죽물 그리고
옆집 순이네 허드렛물까지 날라
겨우 불길을 잡은 식구들,

나를 찾아 집 안 구석구석을 뒤졌다
불낸 아이, 야단치면 실성할 수 있단다
할머니 큰소리에
뒤란 짚가리 속에 숨어있던
고수머리에 깜둥이가 된 얼굴을
삐죽이 내밀었던

하동댁

청계천 용답전철역 인근
하동에서 이주해온 매화나무들이 모여 사는 하동매화마을
바람이 불 때마다 곧 떨어질 듯 떨어질 듯 덜렁대는
부러진 가지에 꽃눈을 달고
힘겹게 겨울을 나는 매실나무에 마음이 안쓰러운데

소아마비를 앓은 다리로 쩔뚝거리며
물동이를 이고 흘러내리는 물방울을 연신 손등으로 훔치며 가풀막진 골목길을 오르내리던 하동새댁,

일꾼들의 새참을 이고 갓 코뚜레한 송아지고삐에 매달려 엎어질 듯 아슬아슬 논두렁길을 오가던,
콩 타작할 때는 실한 다리에 힘을 싣고 콩꼬투리에 한이라도 풀듯 휙휙 도리깨질해대던 그녀가

어느 해, 매화꽃 필 무렵
마을 사람들 걱정이 무색하게 튼실한 아이를 출산했다
오래전 뒷골 하동댁을 떠올리며
상한 매실 나뭇가지를 치유할 궁리를 한다

새똥

단지 내 보도블록에 남아 있는
뿌연 새똥 자국을
물로 닦아내고 있는 경비 아저씨
그딴 걸 물청소까지 하느냐 묻는데
그냥 싱긋 웃기만 한다

용의 검사가 있기 전날 저녁 때
쇠죽 쑤는 가마솥 곁에
식은 군고구마처럼 쪼그려 앉아
구렁이 혀처럼
아궁이 밖으로 날름대는 불길에
손등과 발등을 비춰가며
새까맣게 낀 때를
지푸라기 뭉치로
문지르고 또 문질렀다 하지만
손발에 물기가 가시고 나면 금세
때가 까슬까슬하게 돋아나곤 했던
내 일곱 살의 겨울을 떠올리며,

내 詩 속에 들러붙어 있을 새똥을 닦아낼 궁리를 한다

감나무 끝방

시골집 뒤뜰에 오랜 감나무
동산에 달 오르자, 가지 끝방마다
옛 기억들이 불을 밝힌다
오르내리며 딛던 가지들을
기억 속에서 더듬어 불 켜진 창가에 닿으니,
어릴 적 추억들이 방안에 살고 있다
가을걷이가 끝난 마당 한쪽에서
창호지를 갈고 있는 할머니의 모습이 보인다
저물어 가는 한 해를 붙잡아두려는지
코스모스 꽃잎으로 문고리 옆에 문양을 넣는 그녀,
문틈으로 파고드는 찬바람에
호롱불이 흔들리는 내 유년의 겨울밤에
허기를 달래라며
채반에 홍시를 담아 내오기도 한다 내가
오랫동안 바깥으로 떠도느라
마지막 가는 길을
배웅하지 못한 걸 아쉬워하며
뒤꼍으로 나서는데
거기 할머니가
하얀 달빛을 받으며 감나무처럼 서 있다

봄을 캐다

아낙이 밭두렁에서 이른 봄을 캐고 있다

붕어들이 못 바닥에서 방울방울 솟는 봄기운을
물총 쏘듯 공중으로 쏘아 올린다

수양버들이 기다란 붓을 개울에 늘어뜨려
올리브 빛 물감을 듬뿍 적셔 수채화를 그리고

직박구리 한 쌍은 마른 땅을 콕콕, 쪼아
땅속에서 미적대는 새싹들을 불러낸다

연초록 풀 무더기들이
길바닥에 말라붙은 쇠똥처럼
냇둑에 눌러앉아
엉덩이를 들썩이며 실바람을 쐬고

돌팍 아래 어린 나생이가
급하게 피워올린 가녀린 꽃대를 햇살로 감싸고
있다

하늘 높이 날아오른 솔개가
들과 부락에 무슨 일이 있는지 살피고 있다

화투점

강변길 산책하다
화투장에 그려진 싸리를 보았다

화투로 일진日辰을 뗄 때마다
흑싸리 쭉정이가 나오면
세상에 씨잘데 없는 거라며
홱, 내던지곤 하던 할머니

농사일로 닳아 뭉툭해진 손가락에
침을 묻혀가며 화투장을 떼시던 그날
일진으로 흑싸리 쭉정이가 나오면
양미간에 밭이랑 같은 주름이 솟고
2월 매조梅鳥일 때는
오늘은 임을 보려나
은근슬쩍 미소를 짓던

2차 대전 때 징용돼
남태평양 어느 섬에서
집으로 돌아오는 길을 잃어버린 할아버지가
임이라며 한숨 짓던 당신

<
지금쯤 그다지도 기다리던 임을 만나셨을까

접목接木

봄 햇살 끌어당겨 몸을 덥히기 시작하는 고욤나무
그 밑동을 들여다 본다, 낫으로 싹둑
줄기를 자르는 할아버지 손에 햇살이 고인다

윗동이 잘려나간 곳에 금세
송공송골 맺히는 이슬 같은 체액

일찍이 호미산 비탈밭 지킴이가 된 젊은 아내
그녀의 깊은 샘에 고이던 옥수(玉水)를 닮은,

밑동아리의 면을 다듬고 쪼개려
슬며시 때깨칼을 가져다 댄다

움찔, 몸을 움츠리는 나무의 아랫도리
감나무 가지를 잘라 만든 접가지를
쪼개진 곳에 슬쩍 찔러넣는다
바르르 몸을 떠는 밑동

어설프기만 했던 첫 경험을 떠올리며 잠시
아청빛 허공을 올려다보며 열없는 웃음을 날린다

＜

봄기운과 지푸라기를 섞어 갠 진흙으로
접순을 품고 있는 대목臺木을 꼼꼼히 감싸 바르고
잠든 아내를 이불로 여며주듯이
짚 이엉으로 살며시 감싸준다

골담초

옛집 토담 아래
타나 남은 부지깽이만큼 초라한 둥치에
몇 개 노랑꽃을 매단 골담초

그 작은 꽃이 버선꽃이라 일러주던
작은 할매가
청보리밭을 일렁이며 지나는 바람처럼 머릿속을 스친다

그때, 난
그 꽃나무가 할매를 빼닮았고
왠지, 그 작은 꽃들이
가슴 속 깊숙이 묻어둔 그녀의 서러움이라 생각했다

전남편이 남태평양 어느 섬
전장으로 끌려가고,
어린 두 딸과 고생고생하다
내가 태어나기 서너 해 전에
내 작은 할매가 됐다는 그녀

<

　동이 트면
　다래끼를 허리에 차고 호미산虎尾山 비탈밭으로 내닫고
　틈이 날 때마다
　버선꽃나무처럼 토담 아래 오도카니 서서
　동구 밖을 내다보곤 하였다

　그녀, 이젠 없고
　근린공원 낡은 울타리 아래
　골담초 한 그루가 그녀의 슬픔을 올망졸망 매달고 서 있다

살얼음판에 앉아

등굣길,
무논 살얼음판에 한 발을 내딛는다
짜작, 얼음이 소리를 내지른다
한 발을 마저 올리면
속내를 드러낸 얼음의 결이
사방으로 뻗어 나간다

그 결을 햇살이 더듬자
숨어있던 온갖 것들이 반짝 모습을 드러낸다
그 속에는
강물이 흐르고
구름이 머물고
나무 풀 새 산과 들 그리고
논 주인의 내력까지도 자리를 잡고 있다
난 학교 가는 것도 잊고
얼음 위에 쪼그려 앉아 그 속을 들여다보곤 했다

오랫동안 함께 하다
훌쩍 떠난 사람
그 까닭을 몰라 속을 태우다 뒤늦게

어릴 적 살얼음판을 떠올리며
그와 나 사이 금 간 결을 더듬어 본다

목련 꽃봉오리

창밖의 목련, 그 가지 끝마다
먼동이 틀 때면 작은 새들이 날아든다

밤새 어딜 떠돌다 저렇게 지쳐 돌아올까 궁금해
목련나무 문을 두드린다

머뭇거리는 나를
창가로 데려가는 그녀

목련향이 자욱이 깔린 뒤뜰에
작은 항아리 하나 놓여있다
그 주둥이 둘레로
새들이 삥 둘러앉아 별빛을 토해낸다

새들이 밤새 모아온 별빛을
항아리에서 숙성시킨다는 그녀

일자리 잃은 나 대신
24시 해장국집에서 늦도록 별빛을 따다
새벽에 돌아와

고단한 향기 토해내며 잠든 아내

목련꽃을 닮은 그녀가
안쓰러워 조용히 문 닫고 나선다

우동 한 그릇

연탄불이 시원찮아
도시락을 싸지 못했던 날

점심시간
굶고 버틸까 어쩔까 망설이다
어릴 때부터 먹어보고 싶었던 우동을
교내식당에서 사 먹기로 맘먹었다

진눈깨비가 식당 문을 두들기고
식당에 갇힌 뿌연 김에서 삶은 멸치 냄새가 났다

우동 한 그릇을 받쳐 들고
조심해 발을 떼는데
통로에 늘어진 기름 난로줄이
발끝을 낚아채는, 그 찰나

내 오랜 소망이 허공으로 솟구쳐 올랐다

기차가 떠날 시간이라고
기적이 울리는 어둠 속에서

한 손에 받쳐 든 그릇에서 급하게 국수를 건져 먹으며
 할머니 팔에 안긴 나를 연신 들여다보던
 그 시커먼 그림자

 그렇게 전장으로 떠난 그림자는 끝내 돌아오지 않았고
 그때 그 우동이라는 걸 한번 먹어보고 싶었다

제4부

겨울 둔치

빈 껍데기만 남겨놓고
온갖 것들 어디론가 떠나버린 감천내 둔치
박주가리 가시박 며느리배꼽
말라비틀어진 잎과 넝쿨들이 얽히고설키고
어둠과 찬 바람만이 그 속을 들락거린다
가까이 다가가 들여다보니
넝쿨들 사이 사이
꽃마리 꽃다지 냉이 민들레
파란 이파리로 언 땅에 바짝 엎드려
저만치서 혀끝을 날름대는
햇살에 닿으려 애써 손을 뻗고 있다
찔레 개나리 조팝나무 화살나무가
겨울눈을 가늘게 뜨고
찬바람에 묻어오는 봄기운을 더듬고 있다
강변 산책길
휑한 겨울 강 둔치
무릎을 펴고 일어서는 소리가 들린다

개나리꽃 입술

오래된 일기장을 뒤적거린다

개나리 꽃잎처럼 우르르, 무리 지어
튀어 오르는 채색된 문양들

캄캄한 내 심장을 돌개바람처럼 맴돌다 금세
팝콘처럼 환하게 불을 밝힌다
불 켜진 정순이 방

그 아이의 방, 창문으로 날아드는 노랑색 향연

그 아이의 졸업앨범을 한 장 한 장 넘겨 가며
얘, 누구냐,
얘는,
여긴 어디지,
둘이 머리를 바짝 대고
호두알 같은 시간을 톡톡 까먹다
느닷없이,

내 두 귀를 꼬옥 잡고

바짝 마른 내 입속으로 쏘옥 들어왔던 그 아이

언젠가 할머니가
내 입안에 살짝 밀어 넣어주던
한 점 쇠고기처럼
연하고 고소했던 그 아이, 내가
창문으로 날아드는 눈송이같이 까무룩 녹아내렸던,

봄에 쑥 향기가 살아나듯
그 아이가
아직도 내 입안에서 돋아나곤 한다

땅바닥에 금긋기

산책길,
보행로와 자전거길을 갈라놓는
노란 경계선을 삐뚤삐뚤 따라 걷는다

큰댁과 나란히 붙어있었던 옛 시골집
두 집 사이에는 선도 없고
담도 없었다 어쩌다
사촌들 간에 말싸움이라도 벌어진 날은
땅바닥에 꼬챙이로 선이 그어지곤 했다

무슨 일이 있었든지
두 집 사이에 흙담이 쌓이더니
담의 한 군데가 허물어지고
좁은 통로가 만들어졌다

하지만 어쩌다 두 집 간에
고성이라도 오갔던 날 밤엔
영락없이 뚫렸던 길이 다시 막히곤 했다

그때마다 난

뙤약볕이 마당에서 자글대던 날
지붕 위에서 나를 빤히 내려다봤던
우리 집 지킴이, 먹구렁이가
밤새 담을 쌓았다, 헐었다,
했을 거라 믿었다

나무작대기로 흙바닥에 그은 유년의 금을
장맛비가 지우고 있다

시통을 앓다

교과서도 제대로 못 갖추고 학교에 다녔다
방과 후 특활활동시간이 있었던
4학년 때,

툇마루에 배 깔고 몽당연필에 침 묻혀가며 수십 번 지우고 쓰며 겨우 건진 '제비'라는 동시를 힐끗 훑어보고 대뜸 어디서 베꼈느냐는 문예반 선생님, 그 후 두 번 다시 문예반을 찾지 않았다 하지만 선생님의 의심은 내가 언제라도 맘만 먹으면 좋은 글을 쓸 수 있을 거라는 자만심을 갖게 했는데,

그게 내 몸에 진드기처럼 들러붙어 시전벽해詩田碧海가 되는 줄도 모르고 마냥 세월만 흘려보냈다

새삼 이제 와,
오랜 꿈이었던 글쓰기에 도전했다
하지만 그간 시비詩肥가 모자라 허기졌다며
이것저것 마구잡이로 먹고
심한 시통詩痛을 앓고 있다

풀냄새

감천변 산책길에 자욱한 향기

며느리배꼽 박주가리 가시박넝쿨 환삼넝쿨이
날 선 예초기에 뭉텅뭉텅 잘리며 토해낸 한숨인데,

뒤란 감나무 그늘에서
찌걱대는 나무의자에 붙들려
날 빠진 바리캉에
머리를 쥐어뜯기던 예닐곱 살

아야 아 아얏!
소리를 지를 때마다
머리를 쿡쿡 쥐어박으며

대가리에 쇠똥이 많아서 그래, 이놈아!

논밭에서 억센 풀 뽑고 쇠꼴 베던
할배의 거친 손 냄새다

할배의 개똥

바람이 찬 이른 새벽
소쿠리를 옆에 끼고
하얀 입김을 날리며 골목 골목을 살피는 할배

복덕이네 탱자나무 울 밑에서
영호네 토담 옆에서
순덕이네 텃밭에서도
서리가 하얗게 묻은,

어떤 건 두꺼비만 한
어떤 놈은 맹꽁이를 닮은
개똥 덩이를 줍는 당신

더러운 개똥은 왜 줍느냐고 물으면

뻣뻣하게 굳은 개똥을 집게로 다독이며
주름진 얼굴에 멋쩍은 웃음을 짓던

아파트 단지
아무렇지도 않게 반려견 똥을 비닐봉지에 담는
한 사내의 모습에서 할배를 보았다

딱, 약 올리는 거리

텃밭에 무씨를 파종한다

어디서 지켜봤을까
잠시 자리를 비운 사이 후루룩 날아와
땅을 헤집고 무씨를 발라내는 비둘기
단톡방이라도 있는 걸까
금세 여럿이 된다
휘이, 휘이 소리를 지른다
못 본 체 못 들은 체
돌멩이를 던져도 끄덕도 않는다
약이 바짝 올라 후다닥 돌진했지만
포르록 날아올랐다
내 발길질이 닿지 않을
딱 그만큼만 멀리 내려앉는 놈들

장대가 닿지 않는 거리만큼
호르륵호르륵 날아올라
자리를 옮겨 앉는 나락 논 참새떼
그들을 쫓아 이리 뛰고 저리 뛰던
예닐곱 내 유년이 끝내
앙, 울음을 터뜨린다

눈빛

한낮 지붕이 까치 소리로 소란스러웠다
용마루에 커다란 구렁이 한 마리
햇살을 둘둘 말고 엎드려 있었다
진한 먹감나무 이파리 무늬, 먹구렁이를 보려고
금세 동네 아이들이 몰려들고, 아이들이
구렁이를 향해 돌팔매질을 했다
처마 끝으로, 돌멩이가 또르륵또르륵 굴러떨어졌다

낮잠 자다 허겁지겁 달려와
구렁이는 우리집 지킴이다 지킴이다
주술처럼 중얼대며 바지랑대로
아이들을 사립문 밖으로 몰아낸, 할배
이젠 그만 떠나라는 듯
지킴이를 향해 두 팔을 벌려 위아래로 천천히 저었다

자리를 뜨던 구렁이가
그때 고개를 돌려 나를 바라봤다
뭔가 아쉽다는 듯

뭔가 할 말이 있는 듯한, 아린 눈빛은
천천히 용마루 밑 이엉 속으로 모습을 감췄다

눈에 선한 그 눈빛은
일찍이 먼저 간 두 누이의 앳된 눈빛이었다

검둥이와 해바라기

뒤꼍이 수런거리던
어느 여름날 오후
흙벽돌 위에 걸린 가마솥에서 물이 펄펄 끓고
시커먼 끈에 목이 묶인
검둥이가 나뭇가지에 매달려 있었다
꺼멓게 그슬린 몸뚱이
두 앞발은 마치 마른 나뭇잎같이 오그라들어
가슴에 달라붙었고
반점같이 얼굴에 박힌 새카만 두 눈엔
눈물이 파랗게 말라붙어 있었다

나는 밖으로 뛰쳐 나와
눈앞에 어른거리는 꺼멓게 탄 검둥이와
슬픈 눈동자를 떨쳐내지 못하고
밤늦게까지 들판을 헤매고 다녔다

커다란 머리를 가누지 못해
끈에 묶여 나뭇가지에 매달린 해바라기 한 그루
얼굴에 듬성듬성 몰려 있는
꺼멓게 익어가는 씨앗들이 마치

검둥이의 두 눈 같고
말라 오그라든 이파리 몇 개는
바람이 불 때마다 검둥이의 발처럼 바르르 떤다
유년의 그 캄캄한 절벽처럼

그 저녁나절

판덕이 아배 온다아
저녁나절에 술래잡기하던 아이들이
내 아배가 온다고 소리소리 지르며
동구 밖 저 아래 벼락방구 쪽으로 달려간다
마을 쪽으로 양복 입은 사람이 겅중겅중 걸어온다

서울에서 돈 번다며
일 년에 한두 번 집에 다니러 오는
내 아배가 맞다 아이들이
아배를 둘러싸고 있는 동안 난
그 뒤쪽에서 머뭇대며 마치
낯선 사람 보듯 아배를 쳐다본다

마당 한쪽에서 콩대에 도리깨질하던 할매
아이쿠, 어째 소식도 없이 이리 급작스레 오시는가
어정쩡하게 서 있는
아배의 두 손을 덥석 잡는다, 그 모습을
정지문 틈새로 빼꼼히 내다보는 어매
어매도 나만치 아배가 낯선가
내처럼 멋쩍은가, 생각하는데

<
때마침 어매의 잔잔한 미소가
감나무 가지 끝 까치밥처럼
슬그머니 매달리는 걸 보았다

죽니불

한 그릇 팥죽을 앞에 두고
더 많이 먹겠다고
앙탈을 부리던 어린 누이

땅따먹기 놀이라도 하라는 듯
죽니불 위에 선을 그어 땅을 나눠 준 엄니

숟갈 하나 겨우 들어가는
좁은 내 땅, 내 집
그보다 서너 배나 더 큰 땅에 해죽이 웃던 욕심쟁이

독미나리산 밑 옹달샘에 물이 차오르듯
퍼내고 또 퍼내도
꼭 퍼낸 만큼 내 집으로 밀려오는 팥죽

바알간 혀를 날름거리며
지켜보던 검둥이가 고개를 갸우뚱갸우뚱, 결국
양쪽 집 바닥이 함께 드러나자 끝내
울음을 앙, 터뜨린 누이

<
'겉보다 속이다' 라는 엄니 말을 알게 됐던
예닐곱 살 무렵의 죽따먹기 놀이

살얼음이 살 얼듯 팥죽에 살 끼이는 죽니불 위에서
일찍이 곁을 떠난 어린 누이가
해맑게 웃고 있다

달맞이꽃

국민학교 졸업하고 집 나가 소식 없더니

어느 추석에
노랑나비 애벌레가 우화라도 한 듯
촌티를 싹 벗고 고향에 다니러 왔던,

대구 어디 시장통에서
낮에는 허드렛일하고
밤에는 달맞이꽃집에서 일한다는
이야기 앞으로
조금씩 다가앉는 사촌 누나에게
야릇한 미소를 짓던,

샛노란 저고리와 초록 치마가 잘 어울리던
호두나무 집 옥주 누나

달맞이꽃집이 궁금했던
여남은 살 나는
그 후 오랫동안 쭉 그녀를 잊고 지냈다

감천 방죽 산책길
밤 되면 활짝 문 열며 미소짓고
날 밝으면 문 닫으며 손 흔드는 옥주 누나는
달맞이꽃이었다

매미 울음을 달여 먹다

한밤중에
느닷없이 울음을 터뜨리는 매미 한 마리

놀라 깨어난 매미들이 덩달아 운다

급작스레 쏟아졌다 멈췄다 하는 소나기처럼
끊어졌다 이어지는 울음소리

밤마다 응아응아, 보채며
엄마의 애를 태웠던 갓난아이 울음 같다

매미 울음을 달여 먹이면
아이가 뚝, 울음을 그친다는 어느 보살 할매

지릅때기 끝에 붙인 거미줄 끈끈이를
매미 속날개에 몰래 갖다 대곤 했다

흔한 이름 하나 안 남기고
울다 울다 끝내
하늘 저 깊숙이 매미처럼 날아간 내 누이

<
한밤중 매미 울음이 누이의 슬픔만큼 깊다

땡삐

교실 한쪽 구석에서
무릎을 꿇고 앉은 복덕이

감자밭을 망쳐 놓았다고
교실까지 찾아와
선생님께 분통을 터뜨린 감자밭 주인 최씨

아니라고, 했지만
밭고랑에 떨어진 복덕이의 이름표가 모든 걸 불었다

괜스레 아이들을 집적대고
아이들 놀이를 훼방놓고
싸울 땐 땅벌보다도 더 독하게 덤빈다고
땡삐라는 별명을 얻었다

저 녀석은 혼 좀 나야한다며
음모를 꾸민 상웅이 장열이 그리고 나,

그 전날 하굣길

감자 서리를 한 우리 셋
녀석을 혼내주자며
복덕이의 가짜 이름표를 밭고랑에 슬쩍 흘려 놓고
지켜보고 있던
메뚜기 풀무치에게 입조심 당부까지 했던,

초등학교 이 학년 때
그땐 그저 짓궂은 장난이라 생각했지만
땡비의 억울한 눈물을 이제야 알 것 같다

촌뜨기, 서울 가다

아배 만나러 서울 가는 엄니 따라
나도 가겠다 떼쓰다
할배한테 야단만 맞고 마음을 접었는데,
다저녁때 툇마루에서 뒹굴뒹굴하다
나도 모르게 깔깔깔, 웃었다

저러다 아이 실성하겠소, 영감!

느닷없이 웃어대는 내가 걱정됐는지 할매가
할배를 설득한다

때마침 잔꾀가
동굴 속처럼 축축한 기분을
휙, 뚫고 감나무 가지로 날아가 앉는 순간
가슴이 뻥 뚫렸다

이때다 싶어
배를 움켜잡고 마루를 구르며
하하하 히히히 웃어댔다

'촌뜨기, 서울 가다'라는 내 짧은 글이 교실 뒤 게시판에 나붙고
 며칠 동안 아이들이 나를 둘러쌌던,

 오래전 국민학교 5학년, 여름 방학

해설

내면에 잠재한 고요한 파장

– 최수일 시집 『감천甘川』

마경덕(시인)

 최수일 시인이 공유할 수 있는 믿음은 '감천'이라는 장소에 담겨있다. 그 장소는 시인의 내적 영역이지만 현재라는 외적 영역과도 오버랩된다. 시인은 변화되지 않은 이전의 '감천'이라는 장소와 직접 대면하며 기억 너머의 추억을 끄집어낸다. 고향 김천에서 보낸 '동심 지향성'을 띤 유년의 시간은 서정성 짙은 문학적 지류를 이루고 있다.
 그가 경험한 유년의 기억들은 우리가 잊고 살던 '그리운 별 하나'를 문득 기억나게 하고 눈물짓게 한다. 멀리 깜박이는 불빛을 바라보는 심정으로 써내려 간 그의 작품들은 맑고 쓸쓸한 기운이 들어

있다. 최수일 시인이 농촌에서 보낸 유년의 일상은 우리의 메말라가는 감각을 환기시키고 각박한 정서를 자극한다.

서울의 중심인 강남에 살면서도 시인은 늘 고향 냇가 '감천'에서 보낸 시절을 잊지 못한다. 큰물을 피해 앞들 마을에서 '감천'이 내려다보이는 언덕배기로 이주해온 열두 가구 촌락이 전부인 동네에서 보낸 유년의 기억은 "고요한 파장"을 일으킨다.

할매를 콩밭에 혼자 두고 외솔나무 그늘에 앉아 우두커니 구름을 바라보던 모습에서 어찌할 수 없는 막막함의 깊이를 느낄 수 있다. 오염되지 않은 풍경을 반영한 그곳의 시간들은 시어가 되고 문장이 되어 '한 편의 시'로 우리에게 전달된다. 시인이 살아낸 행적이 고스란히 녹아있는 "감성적인 언어"들은 '감천'에서 비롯되었을 것이다.

명료하지 않은 시의 존재를 따라 걸어온 아득한 길, 시가 현실에 개입하는 마지막 순간까지 기다려야 하는 시에 대한 갈망, 심연에 침잠沈潛한 적막함, 삶의 골조가 되어준 빛과 그림자, 그에 따른 음영의 변화, 여러 층의 시간을 관통한 기억의 총량, 체험한 일상의 계기들이 시의 소재로 작동한다. 시인은 이렇듯 사소한 것들을 하나의 작품으로 재가공하여 삶이라는 주제를 환기시킨다.

누이 둘을 먼저 떠나보낸 상실감, 늘 객지로만

떠도는 아버지, 홀로 가정을 지키는 어머니의 외로움, 징용으로 남편을 떠나보낸 할머니의 고통, 유년의 쓸쓸함은 결국 향수로 집약된다. 시인이 포착한 정황은 소소한 일상에서 찾아낸 소박한 기쁨이다.

    뙤약볕에
    완전군장하고 적 진지로 포복하다
    쉬어! 구령에
    땅바닥에 쿡, 코를 박은 순간
    후욱, 콧속으로 뛰어든

    그 냄새!

    땀과 흙으로 범벅이 된 내 몸을
    순식간에 파고들어
    근육에 불끈 힘을 불어넣고

    산하山河를 향한 내 가슴에 확, 불을 지폈던
    그 흙냄새는

    할매를 콩밭에 혼자 두고
    외솔나무 그늘에 앉아
    먼산에 걸린 설익은 뭉게구름을 바라보다

이 골짝 저 골짝을 날아드는
뻐꾸기의 울음에 흠뻑 빠져있는 내게

쪼그려 앉았던 무릎을 펴며
아이쿠 아이쿠,
꾸부정한 걸음으로 다가온 할매가
황혼을 등에 지고
흙 묻은 두 손으로
어린 내 두 뺨을 꼬옥 감싸줄 때 났던,

바로 그 할매 냄새였다

– 「그 흙냄새」 전문

'후각'은 인간의 감각 중 가장 예민하다. 특정한 향기에 자극받아 과거의 기억이 되살아나는 현상이 '프루스트 현상'이다. 생생한 감정적 기억의 경험이 자신을 둘러싸고 있는 냄새에 의해 촉발되는 것이다.

'후각'과 기억 재생에 대한 연관 관계는 실험을 통해 밝혀졌는데 사진만 보여주는 것보다 사진을 보여주며 냄새를 함께 맡게 했을 때 과거의 느낌을 더 잘 떠올린다는 것이다. '시각'이나 '청각'을 통한 기억은 단기 기억에 머무는 경우가 많지만, '후각'을 통한 기억은 장기 기억으로 남는 경우가 많고,

감정적 느낌 또한 다른 감각에 비해 더 강하게 살아난다고 한다.

뙤약볕에 완전군장하고 적 진지로 포복하다 구령에 맞춰 땅바닥에 쿡, 코를 박은 순간 후욱, 시인의 콧속으로 뛰어든 냄새는 '흙냄새'였다. 순간 시인은 고향 외솔나무 그늘에 앉아 이 골짝 저 골짝을 날아드는 뻐꾸기의 울음에 흠뻑 빠진다. 그때 콩밭에 쪼그려 앉았던 무릎을 펴며 꾸부정한 걸음으로 다가온 할매가 흙 묻은 두 손으로 어린 두 뺨을 꼬옥 감싸준다. 어린 손주의 뺨을 감싸주던 할머니의 사랑은 '흙냄새'로 되살아나고 '흙냄새'는 할머니의 부재를 현재로 불러낸다. 최수일 시인은 삶을 구성하는 시간과 공간에서 주변 사물들로부터 가치를 발견한다. 「그 흙냄새」는 손자에 대한 할머니의 극진한 사랑과 할머니에 대한 그리움을 표현한 수작秀作이다. '사라지는 것들'은 자신과 타인의 기억 사이를 오가며 재생산되고 기억속에 잠재한 '흙냄새'는 순간에 돌출해서 끈끈한 "혈연이라는 서사"를 만들고 있다.

저녁 어스름이 서둘러 마당으로 들어서고 있었다

시집 안 간 고모가 부리나케 안방으로 달려가고
아래채 툇마루에 쪼그려 앉은 할배는

곰방대로 마루 끝을 탁탁 치며
음 으흠, 연신 헛기침을 하고 있었다
삽살개는 마당을 돌며 안방을 힐끔거리고 어느 누구도
나를 아는 체하지 않았다

집안을 떠도는 무거운 슬픔 같은 것에
온몸이 짓눌린 나는
엄마를 부를 엄두도 못 내고
안방 앞 기둥을 잡고 빙글빙글 돌기만 했다
뒷산 어디에선가 산비둘기가
그날의 마지막 울음을 쏟아낼 무렵

그러니까,
내가 다섯 살이었을 때
은하수가 뒤란 울타리에 오롯이 내려앉듯
하얀 찔레꽃이 뭉텅뭉텅 피던 날

찔레꽃같이 하얀 천에 싸인 내 누이가
할배 팔에 안겨
달빛에 촉촉이 젖은 호미산 어느 산등성이로 떠난 밤이었다

—「그날 밤」 전문

숱한 '과거의 결과물'은 지금이라는 '현재의 시간'이다. 모든 것은 소멸을 향해 가기에 흘러간 시간은 부재라는 이름으로 존재한다. 현재 존재하는 시간은 과거와 혼재해있다. 과거이면서 호출하는 순간 현재로 돌아와 없는 현재가 된다. 최수일 시인은 존재하지 않는 "상실된 과거의 흔적들"을 재현한다. 쓸쓸하고 암울한 기억을 재생하고 버려진 존재들을 다시금 현재의 장소로 끌어낸다. 이로써 과거와 현재의 불가능한 공존도 가능해진다.

 시인의 동선을 따라가면 저녁 어스름이 서둘러 마당으로 들어서고 시집 안 간 고모가 부리나케 안방으로 달려간다. 무언가 다급하고 불길한 기운이 집안을 감싸고 있다. 어느 누구도 아는 체하지 않았다. 집안을 떠도는 무거운 슬픔 같은 것에 온몸이 짓눌려 안방 앞 기둥을 잡고 빙글빙글 돌기만 했던 시인은 다섯 살이었다. 하얀 찔레꽃이 뭉텅뭉텅 피던 날, 찔레꽃같이 하얀 천에 싸인 누이가 할배 팔에 안겨 달빛에 촉촉이 젖은 호미산 어느 산등성이로 떠난 밤이었다. 찔레꽃 향이 날리던 여름밤의 이미지로 '흰 찔레꽃' 같은 누이의 죽음을 그려낸「그날 밤」은 시인의 뇌리에 깊이 새겨진 아픈 기억이다.

 의료시설도 없는 궁핍한 시대, 전염병으로 집집마다 한두 명의 아이들이 죽음을 맞았다. 절차가 생략된 아이들의 장례는 대부분 눈에 띄지 않는 어두운 밤, 은밀하게 진행되었다. 상여도 없이 어둠 속으로 떠난 누이 역시 부모의 아픈 손가락이다. 그날 밤 부모의 가슴에 '돌무덤' 하나가 생겼을 것이다. 시인은 '슬픔의 처소'에서 닿을 수 없는 그곳으로 끊임없이 걸음을 내디디며 먼저 떠난 누이의 빈자리를 들여다본다. 울음을 삼키는 애쓴 흔적이 '슬픔의 크기'를 극대화시킨다.

산굽이를 돌아 나와
마을을 둥그렇게 감싸고
저 아래쪽 산자락을 돌아 슬그머니 꼬리를 감추는

감천내가 내려다보이는 호미산 날망
비탈밭 밭머리에 소나무 한 그루
그 아래 빈자리 하나 있었다

객지에서 일하다가
한해 한두 번 집에 들를 때마다
낯설기만 했던 아버지
그가 만든 빈자리를
낮엔 농사일로 밤엔 별을 따서 채우셨던 엄니
어떤 때는 그 자리를 내가 채우길 바랐는데,
그때마다 난

그 빈자리를 호미산 소나무 밑으로 가져갔다

　　　그곳에서 일찍이 별이 된 어린 누이를,
　　　먼 데로 시집간 사촌 누나를,
　　　소쩍새 우는 밤 소반장이 아버지를 따라 마을을
떠난 경란이를
　　　또 어떤 때는
　　　먼 산에 걸린 뭉게구름을 불러오기도 했다

　　　냇가로 내려온 산 그림자가
　　　물가에서 머뭇대는 별들을
　　　어둑한 하늘로 밀어 올릴 때

　　　나는 아버지의 빈자리 그곳에 두고
　　　터벅터벅 마을로 내려왔다
　　　　　　　　　　　　　－「아버지의 빈자리」 전문

　각자의 삶을 담당한 개인의 서사에는 닮은 부분이 있다. 그 하나의 공통점만으로 타인과의 공감은 이루어진다. 여기서는 현실을 짓누르는 '실존하는 환상'이 있다. 아버지라는 환상과 아버지의 부재를 대치시킴으로써 빈자리의 쓸쓸함으로 독자와의 공감을 불러낸다. 시인이 아버지가 존재했던 그 시점으로 돌아가면 역설적으로 시간의 불가역

성은 그 존재를 드러내고 한 사람의 부재를 사실적으로 깨닫게 해준다. "객지에서 일하다가/ 한해 한두 번 집에 들를 때마다 / 낯설기만 했던 아버지/ 그가 만든 빈자리를/ 낮엔 농사일로 밤엔 별을 따서 채우셨던 엄니/ 어떤 때는 그 자리를 내가 채우길 바랐는데,/ 그때마다 난/ 그 빈자리를 호미산 소나무 밑으로 가져갔다"에서 알 수 있듯이 가족들이 아버지 역할을 은근 기대했던 아들은 그 자리를 채우기엔 역부족이다. 하늘이 어둑해질 때까지 시인은 '감천내'가 내려다보이는 호미산 날망 비탈밭 밭머리에 소나무 아래 생각에 잠겨 앉아있다가 "아버지의 빈자리"를 그곳에 두고 터벅터벅 마을로 내려온다. 아무것도 할 수 없었던 그 무력감이 절망의 무게로 다가온다. 아버지라는 한 사람의 빈자리는 아무도 채울 수가 없다. 가시적 세계를 지배하는 힘은 비가시적 힘이다. 시인은 이처럼 상처를 응시하고 방치한다. 치유의 방식은 감정을 걸러내고 담담하게 마음의 파장을 전달하는 것이다. 진심은 그렇게 느낌으로 전이된다.

길가 풀섶
키 큰 개망초꽃 목덜미를 타고 오른
메꽃 한 송이

논두렁에
밀밭 한 귀퉁이에
오솔길 달맞이 꽃대에서
어쩌다 보이는 꽃

찢긴 꽃잎에 눈길 주다 돌아서는데
어디서 본 듯한
누군가를 닮은 그 꽃

있는 둥 없는 둥
낮엔 보이지 않다가
밤 깊으면
어쩌다 집에 들렀다 급히 떠나는
낯선 아버지

그 아버지를 붙잡고 살아가는
어머니는 메꽃이었다

―「메꽃」전문

  자연이라는 공간에는 풀꽃이 살고 있다. 그 풀꽃은 길가에 핀 '개망초'를 붙들고 살아가는 나약한 '메꽃'이다. 있는 둥 없는 둥 낮엔 보이지 않다가 어쩌다 집에 들러도 급히 떠나는 아버지, 그 아버지를 붙들고 살아가는 어머니는 꽃잎이 찢긴 '메꽃' 같은 존재이다. '개망초'를 의지하고 살아가는 '메꽃' 한 송이에게는 '개망초'가 지지대이며 전부인 것이다. 존재감이 없는 한 여인의 일생을 좌지우지하는 상대는 어쩌다 들르는 허울뿐인 남편이다.

  시인은 그 대상이 처해 있는 상황으로 어떤 발화점 같은 순간을 담아낸다. 어둠 속에서 조심스럽게 발을 내밀고, 작은 소리에 더 민감하게 반응하는 어머니, 남편의 빈자리를 노동으로 채우고 있다. 몸을 혹사해서 남편의 역할을 감당한 한 여인이 남긴 시간의 지층에는 헤아릴 수 없는 균열이 보인다. 「메꽃」은 가부장적인 시대에 절대적인 권력을 행사하던 아버지를 통해 그를 둘러싼 봉건 사회의 일면을 보여주고 있다. 개인의 "사실적 서사"가 시대를 대변하는 진술이 될 수 있음을 확인시켜 주는 작품이다.

    어릴 때 살았던 다세대주택 빈터엔
    샌드백 하나가 기둥에 매달려 있었다
    세 들어 사는 젊은이들이 아침저녁
    그 샌드백을 치거나 어떤 때는
    지나가던 사람들이
    스트레이트나 잽을 날리기도 했다

수없이 얻어맞은 샌드백, 기어이
구멍이 나고 모래와 톱밥이 삐져나왔다

심하게 얻어맞고 바람에 흔들릴 때마다
삐걱대는 걸고리 쇳소리가 마치 샌드백이 우는 것 같았다

어느 늦은 밤
울음소리에 밖으로 뛰쳐나왔다
다 큰 누이를 별나라로 보내고도 눈물을 보이지 않았던 엄니가
컴컴한 빌라 뒤란에 쪼그려 앉아 울고 있었다

차마 물어보지 못했던 그 울음이
그때 가슴을 치며 지나갔다

그 울음에 맞은 자리가 지금도 아프다
     ―「차마 물어보지 못한 그 울음」 전문

오직 맞기 위해 매달린 '샌드백'은 누구에게나 만만한 대상이다. 지나가던 행인들마저 스트레이트나 잽을 날린다. 스트레스를 풀거나 화풀이 대상이 되어 심하게 얻어맞으면 구멍이 나고 빵빵하게

채운 내용물이 빠져나온다. 매 앞에 장사가 없는 법이다.

시인은 치고 맞는 감각을 자극하는 것으로 그치지 않고, 울음에 대한 질문을 던진다. 다 큰 누이를 별나라로 보내고도 눈물을 보이지 않던 엄마가 컴컴한 빌라 뒤란에 쪼그려 앉아 울고 있었던 것이다. 묻지 않아도 알 수 있는 울음이 있다. 이 장면은 보지 않고도 상황을 판단하는 시인의 인지 균형에 충격을 준다. 시인은 대상 안에 잠재되어 있는 울음의 상태, 혹은 그 대상이 처해 있는 상황에 몰두해 원인을 유추해낸다. 그는 위험한 순간들과 그 순간이 빚어낸 결과에 몰입하고 있다. 폭력에 노출된 상처의 층위는 깊고 높다. 폭력과 마주친 접점에서 지각 변동이 일어나고 폭력은 약자와 서로 유기적 관계에 놓여있다. 시인은 그 울음에 맞은 자리가 지금도 아프다고 한다. 폭력은 질서 체계 속에서 공존하는 흐름의 단면을 차단하고 거스를 수 없는 파동은 '다세대주택'이라는 주변 환경으로 확장되고 있다.

> 살쾡이 눈을 한 아이들
> 침을 꼴깍 삼키며 화면 속으로 빠져들었다
> 독사보다도 징그러운 일본 순사가
> 유관순 누나에게 이것저것 캐묻다 느닷없이

누나의 머리채를 잡고
시커먼 물통 속으로 머리를 밀어넣었다
가녀린 두 팔로 물통을 짚고 버티는 누나
창백한 얼굴에 빗방울 같은 땀방울이 맺히고
아이들의 조막만 한 손들이 바르르 떨었다, 끝내
누나의 머리가 물속에 잠기며
물통 밖으로 물이 울컥울컥 넘치는 순간
아이들을 따라와 어둠 속에서 숨죽이고 지켜보던
여치 방아깨비 풀무치들이 일제히
날아올라 영사기 불길을 타고
도리우찌를 쓴 독사에게 달려들었다
순간 나도 모르게 마치 내가
윤봉길 의사라도 된 듯
내 도시락 폭탄을 독사를 향해 힘껏 내던졌다
뒤이어 다른 아이들의 폭탄들도
휙 휙, 허공을 가르며 날아가
스크린에 부딪쳐 바닥에 떨어지며
딸그락딸그락 폭발했다 순간
만세! 만세!
우렁찬 함성이 극장 안을 뒤흔들었다

오래전 초등학교 3학년 때 본 유관순 영화
삼일절 아침
창밖에 내걸렸던 태극기를 힘차게 휘두른다

− 「도시락 폭탄」 전문

 학교급식이 없던 그 시대에는 집에서 도시락을 싸서 가지고 다녔다. 점심 때 도시락을 먹고 일찍 수업을 마친 아이들은 선생님을 따라 극장에 갔을 것이다. 무장공비가 내려오고 간첩이 득시글거렸던 당시엔 멸공, 반공방첩이 우선이어서 어린이가 관람할 수 있는 영화는 애국에 대한 주제가 많았다. 유관순 열사가 일본 순경에게 고문을 받는 과정을 본 아이들은 애국심으로 차올라 도시락을 화면으로 던진다. 제일 먼저 던진 사람은 의협심에 불타는 어린 최수일이였다.
 도시락폭탄은 어디에서 왔을까. 1931년 윤봉길 의사는 대한민국 임시정부의 국무령인 김구선생을 찾아가 중국 홍커우 공원에서 열리는 일왕 생일 행사에 도시락 폭탄을 던질 기회를 달라고 제안했다. 이 행사는 참여하는 사람들에게 각자 도시락을 지참하도록 해 폭탄을 들킬 염려가 없기 때문이었다. 이때 김구선생은 일본 대표들에게 던질 물통 폭탄과 체포당했을 때 자결하도록 도시락 폭탄, 두 가지를 제조해 주었는데 대부분의 사람들이 윤봉길의사가 도시락 폭탄을 던졌다고 생각하지만, 도시락 폭탄은 자결용이었고 사실상 윤봉길의사가 던진 폭탄은 도시락 폭탄이 아닌 '물병 폭탄'이었다고 한다.

  가상의 화면을 실제로 인식한 천진하고 대견한 아이들은 지금 무엇이 되었을까? 삼일절에도 태극기를 내거는 사람은 얼마나 될까. 휴일엔 놀러 가기 바쁜 도시인들. 우리가 살아가는 모습과 미래에 대한 고민은 현재의 장소와 밀접하게 관계가 있다고 한다. 지역이나 나라는 보호막인 동시에 갈등과 "충돌의 장소"이며 "사회의 틀"이 반드시 안전을 보장하는 것도 아니기 때문이다. 의협심은 버려두고 살기 위해 오직 살아내야 하는 현대인들, 새로운 환경에서 자신의 정체성을 찾지 못하고 불안한 이 "시대의 불화"와 대립하고 갈등하며 살아가는 것인지도 모른다.

    강변길 산책하다
    화투장에 그려진 싸리를 보았다

    화투로 일진日辰을 뗄 때마다
    흑싸리 쭉정이가 나오면
    세상에 씨잘데 없는 거라며
    홱, 내던지곤 하던 할머니

    농사일로 닳아 뭉툭해진 손가락에
    침을 묻혀가며 화투장을 떼시던 그날

일진으로 흑싸리 쭉정이가 나오면
양미간에 밭이랑 같은 주름이 솟고
2월 매조梅鳥일 때는
오늘은 임을 보려나
은근슬쩍 미소를 짓던

2차 대전 때 징용돼
남태평양 어느 섬에서
집으로 돌아오는 길을 잃어버린 할아버지가
임이라며 한숨 짓던 당신

지금쯤 그다지도 기다리던 임을 만나셨을까
— 「화투점」 전문

  화투 카드로 점을 본다는 화투점은 꽃 花, 싸울 鬪, 점칠 占으로 화투장의 짝을 맞추어 운세를 알아보는 일이다. 시인은 강변길을 산책하다 누군가 버린 화투장에 그려진 싸리를 보며 농사일로 닳아 뭉툭해진 손가락에 침을 묻혀가며 화투로 일진日辰을 떼던 할머니를 생각한다. 화투점을 떼며 할머니는 고단한 삶을 잠시 위로했을 것이다.
  홍싸리는 행운을 뜻하지만 흑싸리는 이성과의 교제나 근심을 뜻한다. 흑싸리 쭉정이가 나오면 양미간에 밭이랑 같은 주름이 솟는다. 2월 매조梅

鳥일 때는 오늘은 임을 보려나 은근슬쩍 미소를 짓던 할머니는 2차 대전 때 남태평양 어느 섬으로 징용에 끌려가 집으로 돌아오지 않는 할아버지가 유일한 임이다. 평생을 기다리던 임은 돌아오지 않았지만 아직도 기다림은 남아있어 은근슬쩍 미소를 짓는다. 기다림이란 얼마나 처절한 형벌인지 알 것만 같다. 없는 사람은 언제나 빈자리를 차지하고 있다. 할머니 역시 젊어서부터 그렇게 살아왔다. 기억 속에 남아있는 잊을 수 없는 장면은 마지막 모습일 것이다.

 곁이라는 말, 그 곁에서 의식하지 못한 관계 아래 우리는 얼마나 많은 아픔을 잊고 살았던 것일까. 안정된 환경에서 우리는 얼마나 타인의 외로움을 인지하고 살아온 것일까. 이 작품을 보면 문득, 행복의 크기를 미처 모르고 살았던 우리의 시간들이 스쳐간다. 시인은 현실의 문제에 주목하여 그것을 사유하고 설정함으로써 한 개인의 지나간 과거를 통해 한 사람의 뼈아픈 "부재와 불행한 역사"의 단면을 조명하고 있다.

    연탄불이 시원찮아
    도시락을 싸지 못했던 날

    점심시간

굶고 버틸까 어쩔까 망설이다
어릴 때부터 먹어보고 싶었던 우동을
교내식당에서 사 먹기로 맘먹었다

진눈깨비가 식당 문을 두들기고
식당에 갇힌 뿌연 김에서 삶은 멸치 냄새가 났다

우동 한 그릇을 받쳐 들고
조심해 발을 떼는데
통로에 늘어진 기름 난로줄이
발끝을 낚아채는, 그 찰나

내 오랜 소망이 허공으로 솟구쳐 올랐다

기차가 떠날 시간이라고
기적이 울리는 어둠 속에서
한 손에 받쳐 든 그릇에서 급하게 국수를 건져 먹으며
할머니 팔에 안긴 나를 연신 들여다보던
그 시커먼 그림자

그렇게 전장으로 떠난 그림자는 끝내 돌아오지 않았고
그때 그 우동이라는 걸 한번 먹어보고 싶었다

- 「우동 한 그릇」 전문

  어릴 때부터 먹어보고 싶던 우동 한 그릇, 마침 도시락을 싸지 못한 날이었다. 굶을까 말까 망설이다가 선택한 우동 한 그릇 받쳐 들고 교내식당에서 조심조심 발을 떼는데 통로에 늘어진 기름 난로줄에 걸려 오랜 소망은 바닥으로 쏟아지고 말았다. 시인에게 우동 한 그릇은 소중한 기억으로 남아있다. "기차가 떠날 시간이라고/ 기적이 울리는 어둠 속에서/ 한 손에 받쳐 든 그릇에서 급하게 국수를 건져 먹으며/ 할머니 팔에 안긴 나를 연신 들여다보던/ 그 시커먼 그림자"는 전장으로 떠난 할아버지의 마지막 모습이었다. 왜 시커먼 그림자라고 하였을까. 기억할 때 인지되는 이미지의 구조는 세밀하고 생생한 장면들이지만 어릴 적 어렴풋한 기억은 막연히 그림자로만 각인된 것이다. 할아버지가 서둘러 먹던 그 '우동'은 '그리움'과 이어진다. 끝내 먹어보지 못한 우동, 끝내 돌아오지 않는 사람, 과거를 소환하는 일은 외롭게 살다간 할머니와 관련이 있기에 아픈 기억이다. 최수일 시인은 짧은 풍경을 같은 시간 안에 두고 되새김질을 한다. 현재는 숱한 과거의 경험을 바탕으로 이루어졌기에 아름다운 기억보다는 아프고 쓰라린 기억의 편린들은 "시인의 의식"을 한층 성장시켰을 것이다.

> 빈 껍데기만 남겨놓고
> 온갖 것들 어디론가 떠나버린 감천내 둔치
> 박주가리 가시박 며느리배꼽
> 말라비틀어진 잎과 넝쿨들이 얽히고설키고
> 어둠과 찬 바람만이 그 속을 들락거린다
> 가까이 다가가 들여다보니
> 넝쿨들 사이 사이
> 꽃마리 꽃다지 냉이 민들레
> 파란 이파리로 언 땅에 바짝 엎드려
> 저만치서 혀끝을 날름대는
> 햇살에 닿으려 애써 손을 뻗고 있다
> 찔레 개나리 조팝나무 화살나무가
> 겨울눈을 가늘게 뜨고
> 찬바람에 묻어오는 봄기운을 더듬고 있다
> 강변 산책길
> 휑한 겨울 강 둔치
> 무릎을 펴고 일어서는 소리가 들린다
> ―「겨울 둔치」 전문

 시인은 그토록 가고 싶어하던 감천내 둔치에 서 있다. 온갖 것들이 다 떠나버린 겨울이다. 말라비틀어진 잎과 넝쿨들이 얽히고설킨 그 사이로 어둠과 찬 바람이 들락거린다. 자세히 들여다보니 넝쿨들 사이사이 '꽃마리' '꽃다지' '냉이' '민들레' 언 땅에 바짝 엎드려 햇살에 닿으려 애써 손을 뻗고 있다. 휑한 겨울 강 둔치에서 무릎을 펴고 일어서는 소리로 일말의 희망을 제시한다.

 기억하고 싶지 않은 불가피한 대면도 있다. 최수일 시인은 누이의 죽음, 어머니의 상처와 아버지의 부재 등 고통스러운 기억도 포용한다. 비극적인 세계를 외면하지 않는 시인은 무의식 저편에 깊숙이 밀어둔 기억의 조각들과 담담하게 마주함으로써 누적된 사유를 자신의 세계로 확장하고 있다.

 어느 시인은 "언어로써 읽히지 않는 시를 주의하여야 할 것은 그렇게 쓰인 시가 새롭고 신기해 보일 수 있으며 그래서 매혹일 수도 있다는 것인데 설령 매혹이기는 해도 고작 매혹일 뿐"이라고 하였다. 암호문 같은 파격적이고 난해한 시류를 좇지 않는 최수일 시인은 자연과 더불어 "살아가는 방식"을 통해 시를 찾아낸다. 감천을 통해 은폐된 기억이 재생되고 시골 풍경에 대한 이미지들의 유기적 움직임과 이 움직임에서 파생한 "자연의 소리"를 기록하며 자신만의 화법으로 굳건한 시의 세계를 구축하고 있다.